Die Frage der Berufsberatung und Berufseignung vom hygienischen Standpunkt

Von

Stabsarzt a. D. Dr. Th. Fürst
städt. Schularzt

Vortrag, gehalten im Bayer. Fortbildungsschulverein, Ortsgruppe München, 15. Juni 1921

München und Berlin 1921
Druck und Verlag von R. Oldenbourg

Die Frage der Berufsberatung und Berufseignung vom hygienischen Standpunkt.

Von Dr. **Th. Fürst.**

Vortrag, gehalten im Bayer. Fortbildungsschulverein, Ortsgruppe München, 15. 6. 1921.

Im Leben jedes Menschen gibt es gewisse Ereignisse, die gleich Marksteinen seinen Lebensweg in bestimmte Etappen teilen. Wie es auf der Landstraße große und kleine Kilometersteine gibt, so sind auch die Marksteine des Lebens je nach ihrer Bedeutung verschieden groß und verschieden zahlreich. Zwei Marksteine sind aber für die Menschenschicksale von besonderer Bedeutung. Sie sind ausgezeichnet dadurch, daß sie nicht tote Steine sind, sondern daß aus ihnen ein Quell springt, an dem das Leben des Individuums, wie das des sozialen Organismus neue Kräfte schöpfen kann. Das eine Ereignis ist die Begründung der Familie, das andere ist die Wahl des Berufs.

Mit dem erstgenannten Ereignis befaßt sich die Rassenhygiene. Sie fordert mit Recht, daß, mehr als es bisher in unserem Gesellschaftsleben geschehen ist, bei der Ehewahl den körperlichen Momenten Rechnung getragen wird, Forderungen, die in Amerika, dem Lande der Praxis, schon vielfach praktische Ausgestaltung gefunden haben. Mit dem gleichen Recht, mit dem die Rassenhygiene die Betonung der körperlichen Momente bei der Ehewahl fordert, um die Qualität der kommenden Generation sicherzustellen, muß die Sozialhygiene, welche für die gesundheitliche Qualität der gegenwärtigen Generation zu sorgen hat, die Forderung erheben, daß bei der Wahl des Berufs, der ja die spätere wirtschaftliche Basis des Familienlebens bildet, die körperlichen Anlagen eine eingehende Berücksichtigung finden. Auch hier ist das praktische Amerika in der Inangriffnahme des Problems vorangegangen. Dort war es der Arbeitermangel, der hierzu drängte, bei uns in Deutschland ist es der Arbeitsmangel, der relative Arbeiterüberfluß, der den äußeren Anstoß bildet, vor allem aber auch der Umstand, daß unsere Großstadtjugend mehr denn je der Führung bedarf.

In ländlichen Verhältnissen sieht der Junge schon in der ersten Kinderzeit den Beruf vor sich, der ihn später erwartet. Die Auswahl der für ihn in Betracht kommenden Berufe ist gering, die Übersichtlichkeit größer. Woher sollte aber ein für die dornenvollen Wege eines großstädtischen Berufes bestimmter Junge — eingezwängt in Großstadtmauern und in einen, durch wenige Straßenkomplexe eingeengten Gesichtskreis — sich Kenntnisse verschaffen können über die Erfordernisse der für ihn in Betracht kommenden Berufsarten? Und selbst wenn die Möglichkeit für ihn bestünde, sich durch eigenes Erleben hierüber Kenntnisse zu verschaffen, woher sollte er in diesem Alter — zumal in dem für Fortbildungsschüler in Betracht kommenden Alter — die nötige Reife besitzen, um sich ein richtiges Urteil zu bilden, wenn ihm nicht Berater zur Seite stehen? Meist erfolgt in diesem Alter die Wahl des Berufs — wenn sie nicht ganz ein Produkt des Zufalls ist — aus ganz unklaren, zum Teil sich im Unterbewußtsein abspielenden Vorstellungen heraus. Zum Teil mögen es auch gewisse Instinkte sein, die möglicherweise in bestimmten Erbanlagen verankert sein können, die auf dem Wege der Vererbung sich auch — namentlich unter bestimmten Milieubedingungen — erhalten können. Zum Glück hat die Natur es auch meist so eingerichtet, daß derartige instinktive Vorstellungen meistens mit der körperlichen Konstitution in Harmonie stehen. Ein Muskelschwacher wird niemals Schmied werden wollen, aber es ist durchaus nicht gesagt, daß ein muskel- und knochenstarker Organismus unter allen Umständen ebenso gesunde innere Organe haben muß, wie es äußerlich den Anschein hat. Die Vorstellung, von Muskelentwicklung und Knochenbau ohne weiteres einen Schluß auf die Leistungsfähigkeit machen zu können, würde zu ähnlichen Enttäuschungen führen können, wie sie König Friedrich I. an seinen „langen Kerls" zu seinem Leidwesen des öfteren erfahren hat. Zu leicht läßt sich das Auge des nichtärztlichen Beobachters durch das Aussehen über die Leistungsfähigkeit des Körpers täuschen.

Man darf sich auf das instinktive, individuelle Einschätzungsvermögen der körperlichen Eignung nicht zu sehr verlassen. Namentlich gilt das bei den Jugendlichen; haben ja sogar die Erwachsenen sehr häufig für die Grenzen ihrer Leistungsfähigkeit und ihrer Gesundheit nur ein sehr beschränktes Gefühl. Ich weise darauf hin, daß z. B. in Amerika seitens der Hygieniker eine Bewegung vor sich geht, um bei Erwachsenen, scheinbar gesunden Individuen durch periodische Untersuchungen lebensverlängernd zu wirken. Das bekannteste derartige Institut ist das Life extension Institute von Lyman Fisk[1]) in New York, in welchem besonders Wert gelegt

[1]) The New York Times book. Review and magazine, April 1921.

wird auf die Berücksichtigung der Berufsgefahren durch rechtzeitige prophylaktische Untersuchungen zum Schutze gewerblicher Betriebe und ihrer Angehörigen.

Wenn also seitens der Hygieniker — in Deutschland hat zuerst der Sozialhygieniker Gottstein[1]) auf diese von Amerika ausgehenden Bestrebungen der modernen prophylaktischen Medizin hingewiesen — bei Erwachsenen eine Beratung auf Grund körperlicher Untersuchungen zur Erhaltung der Leistungsfähigkeit und der speziellen Berufseignung für wichtig gehalten wird, um wieviel mehr wird es dann erst nötig sein müssen, daß der Arzt den völlig unerfahrenen, die Tragweite der Berufswahl nicht übersehenden Jugendlichen zur Seite steht. Die prophylaktische Medizin, in deren Anfangsstadium wir noch stehen, wird um so mehr Aussicht haben auf Erfolg, je früher sie im Leben der Einzelindividuen einsetzt.

Die körperliche Berufseignungsfrage ist nur ein Teil der gesamten Berufsberatungsfrage überhaupt, die jetzt nach dem Krieg so aktuell geworden ist. Wenn wir die Geschichte der jetzt die verschiedensten Kreise — Volkswirtschaftler wie Pädagogen, Sozialpolitiker wie Ärzte — in gleicher Weise interessierenden Frage verfolgen, so müssen wir eigentlich weit zurückgehen. Sie reicht zurück auf den Ausgang des vorigen Jahrhunderts, man kann sie zurückverfolgen auf die ersten Ansätze, wo, angeregt durch die Dichtungen eines Gerhart Hauptmann, eines Arno Holz, eines Zola unter den Akademikern das Interesse für die wissenschaftliche Erforschung des modernen Arbeiterlebens zu erwachen begann. Mögen die ersten Frauen Van Vorst und Olive Christian Malvery, sowie der deutsche Theologe Göhre und der Regierungsrat Kolb, die sich freiwillig in das Kleid des Arbeiters steckten, um das Seelenleben des modernen Arbeiters kennenzulernen, in ihrem Heroismus als mehr oder weniger spleenig verkannt worden sein, so regte sich doch von da ab — wie aus den von Göhre und weiter von Levenstein herausgegebenen Schriften hervorgeht — in den Arbeiterkreisen selbst das Bedürfnis nach einer Vertiefung der Erkenntnis des Wesens der Arbeit. Später hatte dann der Verein für Sozialpolitik unter Max Weber verschiedentlich ausgedehnte Untersuchungen über die Berufswahl und Berufsschicksale der Arbeiter gesammelt.

Die Zeit, in der wir jetzt stehen, hat das Bild gewandelt. Die verfeinerte psychologische Forschung ist zurückgetreten, und praktische Ziele und Bestrebungen werden in den Vordergrund gestellt. Es ist begreiflich, daß in der Zeit der wirtschaftlichen Krisis, wo hinter allen von Staat und den

[1]) Gottstein, Periodische Untersuchungen anscheinend Gesunder. Mediz. Klinik 1915, Nr. 42 u. 43.

Kommunen geschaffenen Vorkehrungen die bange Sorge steckt: Wie schaffen wir genügend Arbeitsstellen und wie verteilen wir die vorhandenen Arbeitsstellen in der geeignetsten Weise unter die vorhandenen Arbeitsmöglichkeiten, daß in einer solchen Zeit die Frage der Arbeitsvermittlung in den Vordergrund gestellt wird, wie dies durch die Angliederung der Berufsberatung an die Arbeitsvermittlung zum Ausdruck gebracht wird.

Es ist auch begreiflich, daß in den arbeitenden Kreisen selbst zurzeit die Lohnfrage das beherrschende Moment darstellt, daß die Frage „Wo verdiene ich am meisten" voransteht und nicht die Frage „Zu welchem Berufe eigne ich mich am meisten und wo erhalte ich die individuelle Leistungsfähigkeit für mich und meine spätere Familie am längsten".

Es ist aber ganz selbstverständlich, daß von diesen letzten Fragen die Zukunft unseres Volkes auf dem Weltmarkt abhängt. Nicht nur nach Erhaltung der bisherigen Qualität der Arbeit und ihrer Erzeugnisse müssen wir streben, sondern mehr denn je nach einer Steigerung der Leistungsfähigkeit, wollen wir die Existenz des Volkslebens sichern. Deshalb handelt es sich auch bei der Berufsberatung darum, rechtzeitig dafür zu sorgen, daß die exogenen Faktoren des momentanen Wirtschaftslebens, in dem wir stehen, gegenüber den für die Erhaltung der Arbeitsenergie unseres Volkes bedeutenden endogenen Faktoren der geistigen und körperlichen Eignung nicht überschätzt werden. Diese Warnung muß von dem Hygieniker rechtzeitig erhoben werden! — Eine Berufsberatung, bei der zu sehr die momentanen wirtschaftlichen Faktoren ins Auge gefaßt werden, bei der das Urteil des Arztes in den Hintergrund gestellt wird oder, wie das z. B. in dem Pforzheimer System der Fall ist, nur auf „Wunsch" erholt wird, könnte gegenüber dem bisherigen Verfahren, bei welchem der Schule die Hauptaufgabe in der Berufsberatung oblag, keinen Vorteil bedeuten. Im Gegenteil, es würde die Gefahr bestehen, daß hygienische Schäden in der späteren Zeit sich zeigen können, wenn diese Warnung nicht rechtzeitig berücksichtigt wird.

Aloys Fischer[1]) hebt in seinem Buch mit Recht hervor, daß „es eine für die Entwicklung des deutschen Geistes charakteristische Erscheinung sei, daß Deutschland in der neueren Zeit in keinen größeren Krieg verwickelt war, ohne daß gleichzeitig ein ausgedehnter und fruchtbarer Schulstreit als wichtigstes Innenerlebnis die Nation in Spannung erhielt. Ein Beweis, wie tief eingewurzelt im Gemüt des Deutschen und der mit der Sorge für die Erziehung beauftragten Schulmänner das Bestreben nach

[1]) Aloys Fischer, Über Beruf, Berufswahl und Berufsberatung als Erziehungsfragen, Quelle & Meyer 1918.

zeitgemäßer Eingliederung der neuen Generation in den durch äußere Ereignisse veränderten Staatsorganismus sei".

Aus diesen Worten Aloys Fischers erhellt wohl am besten die Bedeutung der Lehrerschaft für die Berufsberatung, die sich auch nach dem Krieg noch erhalten hat. Vor allem muß es mit als ein Verdienst der Lehrerschaft betrachtet werden, daß es trotz der wirtschaftlichen Schwierigkeiten gelungen ist, in relativ kurzer Zeit das Bestreben nach gelernten Berufen, den Zug ins Gewerbe zu unterstützen. Wenn man den zahlenmäßigen Rückgang in den Ungelernten-Fortbildungsschulen in Berlin und München verfolgt, so ergibt sich in beiden Städten ungefähr die gleiche Kurve, ein starkes, durch die Kriegsindustrie bedingtes Anschwellen namentlich in den Jahren 1915—1916, während dann vom Jahre 1918 ab eine rapide Abnahme in beiden Städten erfolgt. In München mag die Angliederung der Ungelernten-Fortbildungsschulen an die Gewerbeschulen den natürlichen Vorgang unterstützt haben.

In welch eingehender Weise seitens der Lehrerschaft das Problem der Berufsberatung in Angriff genommen wird, dafür mag hier in München vor allem das von den Herren Hartmann und Überreiter gegebene Beispiel kennzeichnend sein. Ich glaube, daß der von diesen Herren beschrittene Weg der einzig richtige ist. Sie versuchen unter Heranziehung von Vertretern der Fachgruppen und des Arbeitsamts in Gemeinschaft mit Ärzten die für Berufskunde und Berufsberatung einschlägigen Fragen in Gestalt von eigenen Berufsberatungssitzungen festzulegen. Nur auf diese Weise kann sowohl der Lehrer wie auch der Arzt sich berufskundliche Kenntnisse, die nicht aus Büchern zu erlernen sind, verschaffen. Derartige Besprechungen mit Fachvertretern haben auch den weiteren Vorteil, daß umgekehrt die Vertreter der Fachkreise selbst die Wichtigkeit derartiger Fragen gebührend einschätzen lernen. Von ihnen aus kann die Kenntnis und Bedeutung dieser Fragen auch in die weiteren Arbeiterkreise getragen werden. Daß dafür sich allmählich auch seitens der Arbeiterkreise Interesse zu entwickeln beginnt, bezeugen die häufigen von diesen Kreisen ausgehenden Anfragen und Ersuchen um berufshygienische Aufklärungsvorträge.

Die Bedeutung der Lehrerschaft für die Berufsberatung kann auch von seiten derer nicht bestritten werden, welche die Berufsberatung von der Schule weg lieber dem Funktionsbereich der Arbeitsvermittlung angegliedert wissen wollen.

Auf die Frage der Organisation der Berufsberatungsämter hier einzugehen, ist hier nicht meine Aufgabe. Ich glaube nur in kurzem die Behauptung aufstellen zu dürfen, daß vom ärztlichen Standpunkt aus die Berücksichtigung der endogenen Faktoren, im Gegensatz zu den exogenen, durch das Verhältnis von Angebot und Nachfrage bedingten Fragen, sicherer seitens der Stelle aus gewährleistet zu werden scheint, in deren Händen sie bisher allein lag — nämlich der Lehrerschaft und der Schulärzte.

Neuerdings ist — ausgehend vom amerikanischen Taylorsystem — auch deutscherseits immer mehr die Mithilfe der Psychologen bei der Berufswahl betont worden. Der Gedanke einer allgemeinen Betriebswissenschaft, in die ebenso wie die Kenntnis und Prüfung der Betriebsmaterialien auch eine solche der psychischen Energie gehört, hat etwas Bestechendes an sich. Die Kriegserfahrungen haben den Wert der psychotechnischen Eignungsprüfung bei Kraftfahrern und Fliegern bestätigt. Die Tatsache, daß die großen Betriebe sich die Einrichtung psychotechnischer Laboratorien angelegen sein lassen, ja daß sogar von einzelnen Fabriken die Anstellung von Psychologen als einer den Fabrikärzten analogen Einrichtung in Aussicht genommen ist, lassen es jedenfalls nötig erscheinen, daß auch der Arzt sich mit den Methoden, soweit sie hygienisches Interesse haben können, beschäftigt. Vielleicht kann die Psychologie auf dem Gebiet der Arbeitshygiene namentlich der Ermüdungsphysiologie neue Wege zeigen[1]).

Wenn wir die Aufgabe der Schulärzte bei der Berufsberatung präzisieren wollen, so glaube ich, daß, mehr als dies bisher geschehen ist, scharf geschieden werden muß

zwischen der ärztlichen Berufsberatung
und der Kontrolle der Berufseignung nach Eintritt in den Beruf.

Erstere wird wie bisher Aufgabe der Schulärzte an den Volksschulen[2]) bleiben und sich noch entsprechend den hygienischen Erfordernissen der jetzigen Zeit vertiefen müssen.

Letztere dagegen wird zu einer der wichtigsten Funktionen der Fortbildungsschulärzte sich ausgestalten müssen.

Was zunächst die körperliche Berufsberatung nach Beendigung der Volksschule anlangt, so hat dieselbe nach bestimmten Gesichtspunkten zu erfolgen, die zunächst einen ordnungsgemäßen Gang einer allgemeinen körperlichen Untersuchung beim Eintritt in die Volksschule, Wiederholung im Verlauf der Schulzeit zur Voraussetzung haben, deren Ergebnisse in einem Gesundheitsbogen[3]) niedergelegt werden. Schon aus dem Verlauf

---

[1]) Weber, Ztschr. f. prakt. Psych. 1920, H. 12, und 1921, H. 1.

[2]) Nur in bestimmten Fällen wird auch der Fortbildungsschularzt in der Lage sein, Berufsberatung treiben zu müssen, so in den Fällen von Eintritt in städtische Gewerbeschulen vom Lande aus, wo eine Volksschuluntersuchung nicht vorausgegangen ist, oder bei Berufsgruppen, wo seitens der Berufsgenossenschaften eine besondere Eignungsprüfung verlangt ist, wie z. B. bei den Buchdruckern.

[3]) Die Idee eines einheitlichen Gesundheitsbogens geht schon auf das Jahr 1891 zurück, wo von dem Rassehygieniker Schallmayer aus erbbiologischen Gründen zur

der körperlichen Entwicklung während der Schulzeit ergeben sich gewisse Anhaltspunkte für die Berufsberatung am Ende der Volksschulzeit. Diesem Zweck dient die ärztliche Schlußuntersuchung. Für die Beurteilung der beruflichen Eignung existieren eine Reihe von Richtlinien, ich erinnere bloß an die von Ministerialrat Kölsch herausgegebene Anleitung, an das dem Buch von Kühne über Berufswahl und Berufsberatung vorangeschickte Kapitel der Berliner Schulärztin Ulrich, auch in den Münchener Merkblättern zur Berufsberatung wird auf die wichtigsten körperlichen Gesichtspunkte hingewiesen. Diese Anleitungen sollen vor allem in einer auch Laien verständlichen Form die wichtigsten körperlichen Erfordernisse in den einzelnen Berufsarten zur Darstellung bringen und eine Grundlage für den berufskundlichen Unterricht in der Schule bilden. Sie enthalten aber doch auch für den Arzt brauchbare Richtlinien, ohne ihm dabei durch zu große Schablonierung Zwang aufzuerlegen. Eine gewisse Bewegungsfreiheit wird in der ärztlichen Beurteilung immer gegeben sein müssen. Von diesem Gesichtspunkt aus halte ich es auch für absolut erforderlich, daß in jenen Fällen, wo Zweifel über die körperliche Eignung bestehen, vom Arzt auch auf sonstige Momente Rücksicht genommen wird. Hierzu ist namentlich auch notwendig, daß dem Arzt bei Beratung für Berufe, wo eine bestimmte Prüfung in Kenntnissen oder eine psychotechnische Prüfung schon eingeführt ist, die Resultate dieser Prüfungsarten mit vorgelegt werden. Eine Berufsberatung darf nicht einseitig sein, eine Zergliederung in eine Prüfung von Kenntnissen, eine psychotechnische und eine körperliche Prüfung, ohne daß der Arzt in die erstgenannten Resultate Einblick erhalten kann, würde einen unfruchtbaren Schematismus bedeuten. Der Arzt pflegt auch bei der Beurteilung von Krankheitserscheinungen nicht allein ausschließlich auf den körperlichen Zustand zu achten, sondern benützt alle individuellen Äußerungen des Seelenlebens, wenn er Heilerfolg erzielen will. Ebenso muß der prophylaktisch tätige Arzt bei der körperlichen Untersuchung auch das Seelenleben berücksichtigen, wenn er einen prophylaktischen Erfolg erreichen soll. In vielen Fällen wird auch eine größere Intelligenz, besondere Eigenschaften des Charakters einer individuellen Auf-

---

Erforschung der Erbanlagen und zur Einbürgerung rassehygienischen Sinnes in der Bevölkerung die Aufstellung von Personalbogen, in welchen die dem Familienhaupt bekannten Erfahrungen über die Vorfahren niedergelegt werden sollten, gefordert wurde. Ebenso hat v. Gruber als Vorsitzender eines vom Münchener Ärzteverein zur Erhaltung und Mehrung der deutschen Volkskraft eingesetzten Ausschusses auf die Notwendigkeit der Einführung eines einheitlichen, in den Volksschulen begonnenen, aber auch in Fortbildungs- und Mittelschulen weiterzuführenden Gesundheitsbogens hingewiesen. In München ist mit der Ausarbeitung eines derartigen „Einheitsbogens" begonnen worden, der den Schüler vom Schuleintritt bis zum Austritt aus der Schule begleiten und später den Krankenkassen zur Verfügung gestellt werden soll.

klärung über bestehende körperliche Schäden größere Aussicht auf Erfolg bieten. In praxi würde man sich dies in der Weise durchgeführt denken können, daß bei Berufsarten, wo jetzt schon bestimmte Eignungsprüfungen für die Berufswahl vorgeschrieben sind, der Arzt einige Tage vor dem Termin der ärztlichen Untersuchungen alle Unterlagen zur Orientierung bekommt. Es gehören dazu die Ergebnisse schulärztlicher Untersuchungen in Gestalt des Gesundheitsbogens, denen womöglich auch sonstige ärztliche Befunde beizurechnen sind. Es gehören hierzu auch die Ergebnisse der vor der körperlichen Eignungsprüfung vorzunehmenden psychotechnischen Prüfung, soweit eine derartige Prüfung schon eingeführt ist. Auch die Urteile der Lehrer sind maßgebend. Ebenso wie bei sonstigen ärztlichen Begutachtungen, Abschätzungen von Rentenversorgungen, gerichtlichen Gutachten usw. der ganze Akt dem Arzt zum Studium der Persönlichkeit vorliegen muß, so sollten auch vor der körperlichen Untersuchung zur Berufsberatung sämtliche Unterlagen vorliegen. Daß dadurch eine wesentliche Arbeitsvermehrung für den Arzt gegeben ist, die notwendigerweise eine auch aus anderen schulhygienischen Gründen zu wünschende Vermehrung der Schulärzte im Gefolge haben müßte, liegt auf der Hand. Erfolgt die Untersuchung für Berufsberatung in Masse — so wird ihr Wert nur ein bedingter sein.

Ein neuer Gesichtspunkt dürfte aber bei der späteren Ausgestaltung der ärztlichen Berufsberatung nicht übersehen werden. Bis jetzt war die Aufgabe des Arztes hierbei mehr nach der negativen Seite hin gerichtet. In zweifelhaften Fällen, wo bestimmte Schädigungen vorliegen, schien seine Tätigkeit hauptsächlich dahin gerichtet zu sein, vor bestimmten Berufen abraten zu müssen, ohne als Ersatz dafür andere Berufe mit gutem Gewissen vorschlagen zu können. Er war also eigentlich mehr Berufsabrater wie Berater. Der Grund liegt darin, daß zu wenig wissenschaftliches Beobachtungsmaterial darüber vorliegt, welche Berufe bei Bestehen bestimmter körperlicher Schäden und Krankheitsanlagen eine Weiterentwicklung derselben nicht begünstigen. Man dachte bisher immer zu sehr an die Gefahren und Schädigungsmöglichkeiten der Berufe als daran, daß bestimmte berufliche Betätigungen auch einen körperlichen Nutzen haben können. Tatsächlich ist es den Bemühungen der Gewerbehygiene im Verein mit den ausgedehnten Arbeiterschutzgesetzen gelungen, einer großen Reihe von Gewerben ihre Gefährlichkeit zu nehmen, wenn auch immer bei den ständigen Veränderungen der Technik, der Heranziehung neuer, bisher unbekannter chemischer Stoffe und Verarbeitungsweisen mit der Möglichkeit des Neuauftretens gewerblicher Schäden und Mißstände zu rechnen ist. Die bisherige Methode bei der Berufsberatung bestand darin, den „gefährlichen" Berufen das beste und kräftigste Menschenmaterial zuzuführen. Für die Schwächlichen und körperlich Minderwertigen bliebe nach diesem System fast kein Beruf mehr übrig. Gerade die militärärztlichen Erfahrungen während der ersten Jahre des Krieges haben aber hierin manche der bisherigen ärztlichen Anschauungen geändert, da sich zeigte, daß manche Arten und bestimmte Grade von Erkrankungen durch körperliche Anstrengungen günstig beeinflußt werden können. Ich erinnere nur an gewisse Formen von Herzstörungen funktioneller Art, auch leichte Anfangsstadien der Tuberkulose, Erfahrungen, die nicht verwechselt werden dürfen mit jenen der letzten Jahre des Krieges, wo die Not dazu zwang, auch solche mit zu weit vorgeschrittenen Schäden einzustellen.

In analoger Weise können auch manche Berufsbetätigungen die Entwicklung bestimmter Organe befördern und die Entstehung von Krankheiten hintanhalten. Um hierfür aber nicht nur Vermutungen aufstellen zu können, sondern bestimmte Richtlinien zu geben, muß die Kontrolle der Berufseignung einen wissenschaftlichen Ausbau erfahren. In unserer nach praktischen Resultaten lüsternen Zeit ist der Hinweis, daß gesicherte Richtlinien für die Praxis sich nur durch systematische Arbeit mit *wissenschaftlichen* Methoden gewinnen lassen, von Wichtigkeit. Um diese wissenschaftliche Grundlage zur Bewertung des Einflusses des Berufs auf die Gesundheit zu gewinnen, wäre ein Ausbau der schulärztlichen Tätigkeit nach drei Richtungen nötig:

1. Nach *der klinischen Seite*. Bei krankheitsverdächtigen Individuen oder, um einen von Gottstein geprägten Ausdruck zu gebrauchen, bei der Gruppe der „Anbrüchigen" genügt nicht die Feststellung des Krankheitsverdachtes. Es muß vielmehr Grad und Stärke der krankhaften Abweichung mit Hilfe genauer klinischer Untersuchungsmöglichkeiten festgestellt werden. So stellt z. B. die Röntgenuntersuchung ein Mittel dar, um bei periodischen Untersuchungen Stehenbleiben, Fortschreiten oder Besserung eines Befundes festzustellen.

Bei Fehlern der Blutzusammensetzung, die durch das Berufsleben beeinflußt werden können, ich erinnere nur an die Bleichsucht von Näherinnen, die Blutarmut von Bäckern, von Metallgießern, genügt nicht die Feststellung der Blässe des Gesichts. Ähnlich wie für die Untersuchung des Blutes müßten auch bei Funktionsstörungen der Niere quantitative Urinuntersuchungen herangezogen werden, da nur mit messenden Methoden sich Vergleiche zu früher gewonnenen Untersuchungsresultaten ermöglichen lassen. Das gleiche gilt für die Funktionsprüfung anderer Organe. Kurz, es müßte in Fällen, wo Zweifel über die Berufseinwirkung auf die Gesundheit bestehen, das ganze Rüstzeug der klinischen Untersuchungsmöglichkeit herangezogen werden können, ähnlich wie dies z. B. in den Instruktionen des eingangs erwähnten Life extension Institute zum Ausdruck kommt. Daß bei deren Feststellung die Frage ärztlicher Behandlung oder direkter ärztlicher Beratung nicht berührt wird, sei ausdrücklich hervorgehoben. Solche prophylaktische Feststellungen sollen die Einleitung einer Behandlung nicht überflüssig machen, sondern im Gegenteil nur unterstützen, unter Hinweis auf das in Amerika bestehende Vorbild. Es sei auch darauf hingewiesen, daß im Ausland, namentlich in England, auch in der Schweiz (Luzern) und in Holland (Haag), für ähnliche Zwecke Schulkliniken bestehen, daß auch in Straßburg eine derartige Einrichtung existierte. Eine Anlehnung an diese im Ausland gegebenen Vorbilder dürfte sich in Deutschland um so mehr empfehlen, als durch den Wegfall des Heeres die ausgezeichnete volkshygienische Überwachung während der früheren militärpflichtigen Altersperiode in Wegfall gekommen ist. Daß wir — wie wir heute trotz oder vielleicht sogar gerade wegen des militärischen Zusammenbruchs mit Stolz behaupten müssen — im deutschen Heer den bestorganisiertesten Sanitätsdienst besaßen, war nur dadurch möglich geworden, daß alle klinischen Methoden zur Untersuchung und Überwachung der Gesundheit der Heeresangehörigen während ihrer Militärzeit bereit standen. Sollte als Ersatz dieses nunmehr in Wegfall gekommenen Teiles der gesundheitlichen Überwachung unserer Bevölkerung wenigstens ein Ausbau des gesundheitlichen Überwachungsdienstes der Schuljugend durchgeführt werden, so wäre zur Erreichung dieses Zieles auch ein weiterer Ausbau der klinischen Untersuchungsmöglichkeiten anzustreben. Selbstverständlich würden derartige Bestrebungen eine Umwälzung in der Organisation des Schularztwesens und in erster Linie eine Vermehrung der Zahl der Schulärzte zur Voraussetzung haben.

2. Der zweite Punkt wäre die Regelung der statistischen Erhebungen an dem Schülermaterial. Die statistische Verwertung von Schuluntersuchungen soll nicht nur für bestimmte Zwecke auf Initiative von einzelnen erfolgen. Die bisherigen schulärztlichen Berichte krankten vielfach daran, daß sie untereinander nicht vergleichbar waren, weil sie an verschiedenen Orten nach verschiedenen Gesichtspunkten geführt wurden. Um nur ein Beispiel zu nennen, so findet man in schulärztlichen Berichten das eine Mal eine Registrierung nach Krankheitsgruppen, das andere Mal nach Erkrankungen der Organe. So können z. B. einmal unter „Skrofulose" Erkrankungen der Haut, der Augen usw. zusammengefaßt sein, das andere Mal können unter den nach Organen geführten Listen unter „Augen" z. B. auch skrofulöse Erkrankungen des Auges aufgenommen sein.

Ohne hier auf Einzelheiten einzugehen, ergibt sich doch aus einem derartigen Beispiel schon die Notwendigkeit einheitlicher Dienstvorschriften für die Erhebungen, wenn diese einen Aufschluß über die Verteilung der Gesundheitsverhältnisse in den einzelnen Ländern und die für die Kontrolle der Berufseignung so wichtige Verteilung innerhalb der einzelnen Jahrgänge nach Eintritt in den Beruf ermöglichen sollen. Der Wert privater, von einzelnen vorgenommenen Erhebungen tritt gegenüber einheitlich über größere Distrikte durchgeführten Statistiken zurück.

Daraus ergibt sich, daß nicht jeder Schularzt selbst Statistiker sein muß, so wertvoll es auch für ihn sein wird, wenn er in statistischen Arbeitsmethoden eingearbeitet ist. Aber bei der großen Zahl von Schülern, die jeden einzelnen Schularzt treffen, der großen, allein mit der Untersuchungstätigkeit verbundenen Arbeit und der mannigfachen sonstigen, mit der Überwachung der Jugend für den Arzt sich sonst ergebenden Aufgaben wird es genügen, wenn der Schularzt das Material zur Verfügung stellt. Die statistische Verwertung des Materials sollte von einer Zentrale, von einem wissenschaftlichen Institut oder einer Behörde aus erfolgen. Ein wissenschaftliches Institut[1]) würde eine größere Sicherheit gegen eine bureaukratische Schablone bieten. Denn es soll nicht der Zweck der Statistik sein, jedes Jahr nach dem gleichen Schematismus für einen amtsärztlichen Bericht Unterlagen zu bilden. Sie sollte sich vielmehr je nach dem zeitlichen Bedürfnis die Erforschung der einen oder anderen volkshygienisch wichtigen Frage zur Aufgabe machen. Mag es in einem Jahr als notwendig erscheinen, die Verbreitung einer bestimmten Volkskrankheit besonders statistisch zu erfassen, so mögen in einem anderen Jahr äußere Gründe dazu zwingen, an die statistische Klärung irgendeiner anderen Frage heranzugehen, sagen wir, um ein Beispiel zu nehmen, die Einwirkung der Berufsarbeit auf die Frau.

Nächst der Statistik kommt 3. für die Tätigkeit der Fortbildungsschulärzte die Fühlungnahme mit der Gewerbehygiene in Betracht. Meiner Auffassung nach müßte der Fortbildungsschularzt mit dem einen Fuß in der Schulhygiene, mit dem andern Fuß in der Gewerbehygiene stehen.

Nur wenn er sich durch häufige Besuche in Fabriken praktische Kenntnisse und Erfahrungen über die Technologie der Betriebe sammelt, wird er imstande sein, die körperliche Verfassung der Lehrlinge in den einzelnen Berufsschulen richtig beurteilen zu können. Er muß auch innerhalb ein und derselben Berufsart die in den Betrieben je nach Räumen und Arbeitsweise veränderlichen Bedingungen kennen. Er muß auch zeitliche,

[1]) Auch der bekannte Augsburger Schularzt Bachauer spricht sich für die Bearbeitung durch ein wissenschaftliches Institut aus: Bachauer u. Lampert, Zeitschr. f. Schulgesundheitspflege 1919, Jahrg. 32.

mit den Verhältnissen der Rohmaterialbeschaffung bedingte Veränderungen im Betrieb beurteilen können. Ich weise, um nur ein Beispiel zu nennen, darauf hin, daß die Häufigkeit des Gießfiebers, einer beim Messing- und Bronzeguß vorkommenden Erkrankung, hinsichtlich der Häufigkeit des Auftretens eine Abhängigkeit von der Zusammensetzung des Gußmaterials, vielleicht auch des zum Schmelzen verwendeten Feuerungsmaterials aufweist. Mit Veränderungen in der Technik, Heranziehung bisher nicht benützter Chemikalien, der namentlich in der Kriegszeit, aber auch jetzt noch vorkommenden Verwendung von Ersatzprodukten, können sich neue, bisher unbekannt gebliebene körperliche Schädigungen ergeben. Er müßte über Betriebe, in denen Lehrlinge zu offensiven Berufsarbeiten herangezogen werden, sich erkundigen — denn es ist klar, daß hier sich Unterschiede in dem Untersuchungsbefund ergeben können, im Vergleich zu Betrieben, wo Lehrlinge von gefährlichen Arbeiten noch ferngehalten werden. Die Gewohnheiten der Arbeitgeber sind in dieser Beziehung wechselnd. Seitens des Sozialen Ministeriums ist durch den Landesgewerbearzt in entgegenkommendster Weise die Unterstützung in Fragen gewerbehygienischer Art zugesagt worden.

Daß für den Schularzt an den Fortbildungsschulen eine innige **Verbindung mit dem Jugendamt**, das ihm bei der Durchführung von fürsorgerischen Maßnahmen helfend zur Seite stehen soll, ein dringendes Bedürfnis ist, ergibt sich aus den Arbeitsbefugnissen dieses Amtes. Vor allem müßte das Jugendamt ihn bei allen mit der körperlichen Ertüchtigung zusammenhängenden Fragen unterstützen. Hierzu gehört vor allem eine vollkommene Erfassung der Fürsorgeeinrichtungen für Jugendliche und aller sportlichen Vereine, deren Bestrebungen nach prophylaktischen, für die einzelnen Berufsgruppen und Altersklassen verschieden gestalteten Gesichtspunkten zu beeinflussen wären.

Besonders notwendig wird — sobald hier eine völlige Klärung in der Organisation eingetreten ist — eine ständige Fühlungnahme auch mit jener Stelle sein, die in Fällen, wo ein Berufswechsel erforderlich erscheint (Berufsberatungsamt), Stellenwechsel vermittelt. Daß es bei Schulen, die einer besonderen körperlichen oder erzieherischen Überwachung bedürftig sind, wünschenswert wäre, eine bestimmte Zahl von Arbeitsplätzen zur Verfügung zu haben, wo Arbeitgeber sich freiwillig zu derartiger Überwachung bereit erklären (Übergangsstellen), sei hier nur kurz angedeutet.

Mit diesen Gesichtspunkten ist im wesentlichen die Stellung des Fortbildungsschularztes zu charakterisieren gesucht, die dieser in dem modernen Problem der Berufsberatung einnimmt. Sie beruht nach dem Gesagten weniger in der Frage der Berufsberatung, auf die er ja meist keinen Einfluß mehr hat, da sie mit Eintritt in die Fortbildungsschule schon vollzogen ist, als in der Kontrolle und Überwachung der Berufseignung.

Nur ganz kurz möchte ich die Frage der Überwachung der körperlichen Berufseignung bei der Frau streifen. Bei der großen sozialhygienischen Bedeutung der weiblichen Berufsarbeit im modernen Leben wird, wie ich denke, die Berufseignungskontrolle durch die Schulärztinnen sich im wesentlichen nach den gleichen Gesichtspunkten gestalten müssen. Manche speziellen Fragen, wie die Einwirkung bestimmter Berufe auf die weiblichen Organe und die spätere Gebärfähigkeit, harren noch der Bearbeitung.

Der vorläufige Stand der Dinge gestattet nicht, die weitere Ausgestaltung des Problems der Berufsberatung und Berufseignungsfrage, die untrennbar mit einer Ausgestaltung der Schularztfrage in Zusammenhang steht, erschöpfend zu gestalten. Es wird noch intensiver Zusammenarbeit zwischen Pädagogen, Ärzten, Psychologen und Volkswirtschaftlern bedürfen, um das Problem ganz zur Lösung zu bringen. Nicht zum mindesten wird es nötig sein, das Interesse der Behörden auf die hygienische Seite der Ausgestaltung des Problems zu lenken. Das Nächstliegende ist zunächst, im Kreise der Schule selbst die Zusammenarbeit zwischen Arzt und Lehrerschaft zu einer möglichst innigen zu gestalten.

Die Tabelle am Schluß soll — soweit dies in einem Schema überhaupt möglich ist — den „Dienstweg“ zeigen, der sich bei der Überweisung von Schülern ergibt, die einer besonderen ärztlichen Überwachung, fürsorgerischer Maßnahmen und nötigenfalls eines Berufswechsels bedürftig sind. Sie sehen, daß mannigfache Verbindungsfäden vom Schularzt hinüberführen zum Jugendamt bzw. zur Arbeitsvermittlung. Besonders innige Berührung muß aber bestehen zwischen Lehrerschaft und Arzt. Gerade an den Fortbildungsschulen wird dies schon deswegen nötig sein, weil die Durchführung der ärztlichen Untersuchung nicht immer wie in den Volksschulen in der Schule selbst sich ermöglichen läßt. Die Schüler sind nur jeweils an einem Wochentag in der Schule, vor allem aber erfolgt der Eintritt in den Beruf und damit in die betreffende Gewerbeschule zu verschiedenen Terminen, so daß oft Schüler einzeln dem Schularzt zur Untersuchung in die Sprechstelle zugesandt werden müssen. Ist schon aus diesen Gründen eine Mitarbeit der Lehrerschaft unbedingt erforderlich, um alle Schüler innerhalb der ersten Monate des Berufslebens ausnahmslos zur ärztlichen Untersuchung zu bringen, so ist dies noch vielmehr nötig bei jenen Fällen, wo besondere Beobachtungen während des Unterrichts eine ärztliche Kontrolle notwendig erscheinen lassen. Gewisse Anhaltspunkte, die sich mannigfach erweitern ließen, sind in der ersten Spalte der Tabelle angedeutet. Der Lehrer, der in der unterrichtlichen Tätigkeit nicht die alleinige Aufgabe der Schule sieht, wird auch das körperliche Verhalten seiner Schüler während des Unterrichtes im Auge behalten. Er wird auch sorgen, daß durch nützliche Verwendung der Freizeit eventuelle durch das Berufsleben bedingte Schäden wieder zum Ausgleich gebracht werden, eine Frage, die in unserer Zeit, wo durch den Wegfall der Militärzeit eine für Körper und Geist segensreiche Ausreifungsperiode für das eigentliche Berufsleben in Wegfall gekommen ist, von besonderer Bedeutung ist. Er wird dem Schularzt wichtige Angaben machen können über besondere familiäre Verhältnisse durch Erkundigungen bei Eltern und Arbeitgebern, die den Arzt unter Umständen veranlassen können, genaueren Ermittlungen nachzugehen. Er wird endlich die Befolgung der vom Arzt den Schülern gegebenen individualhygienischen Ratschläge kontrollieren können. In engem Zusammenhang mit der inneren Organisation des schulärztlichen Dienstes an den Fortbildungsschulen steht die Frage der in unserer Zeit so wichtigen Berufseignungskontrolle. Die Notwendigkeit der Zusammenarbeit auf diesem Gebiete bietet dem Hygieniker Veranlassung, sich in der Frage der Berufsberatung und Berufseignungskontrolle als einer der zurzeit wichtigsten volkshygienischen Erziehungsarbeit besonders an die Lehrerschaft zu wenden.

Anhaltspunkte für die Beobachtung der g

Fällt beim Unterricht besonders auf	Bei welchen Berufsarten besonders zu beachten	Erkundigungen des Lehrers
1. Müder Gesichtsausdruck, blasse Farbe von Haut und Schleimhäuten, Ringbildung unter den Augen, Herabsetzung der Schulleistung, geringere Lebhaftigkeit.	Bäcker, Gießer (Messinggießer), Uhrmacher, Schneider, Näherinnen, Wachszieherinnen etc., Bleiberufe, Berufe mit großer Hitzeentwicklung.	Eltern: Wirtschaftliche hältnisse, weiter Weg Arbeitsstätte. Arbeitgeber: Besondere beitsverhältnisse, Arb räume, Arbeiten mit werbl. Giften, Ersatzsto Lehrlingsheime.
2. **Haltungsanomalien** (Verbiegungen der Wirbelsäule, der Glieder und des Brustkorbs), Ermüdungsstellungen beim Stehen und Schreiben.	Schreiner (Hobeln), Büglerinnen, Schneider, Feinarbeiter.	
3. Ungenügende Breitenentwicklung (flache Brust, herabfallende Schultern, abstehende Schulterblätter).	Friseure, Schneider, Uhrmacher, Kürschner, Holzbildhauer, Kellner etc.	Anfragen, ob und bei we Art von Turnvereinen Aufsatzthema: Wie verwe ich meine Freizeit?
4. Hüsteln in Verbindung mit 1 oder 3. a) mit Drüsenanschwellungen, Augenentzündung, Katarrhen b) ohne } Auswurf. c) * mit } Auswurf.	Alle Staubberufe, Arbeit mit Gasen und Dämpfen (Feuervergolder, Gießer, Galvaniseure).	Anfragen in der Fam Erblichkeitsverhältnisse.
5. Kreislaufstörungen: Blaue Lippen, Neigung zu Nasenbluten, Klagen über Seitenstechen, Atemnot beim raschen Gehen und Treppensteigen, bei Kropf: Kropfherz.	Besonders bei Ausgehern, Radfahrern, Maschinennäherinnen etc.	Anfragen, ob Gelenkrheu tismus, ob häufige H entzündungen vorau gangen sind, Erblichke verhältnisse.
6. Gehör: scheinbare Unaufmerksamkeit, Sitzen mit offenem Mund, Verwechslung mit Schwachsinn, mit Nasenwucherungen.	Berufe mit besonderer Horchleistung, „Lärm"berufe.	Anfragen, ob Scharlach ausgegangen.
7. Auge: Ungenügende Sehleistung, Neigung zu Entzündungen, Klagen über Kopfschmerzen (namentl. am Abend), Störungen des Farbensinns.	Bei allen Handwerksberufen namentl. Feinarbeitern und Berufen mit besonderer Fernsehleistung, Störungen des Farbensinns im graphischen und Kunstgewerbe, Drogisten, Nahrungsmittelbranche.	
8. Veränderungen des Nerven- und Seelenlebens: a) Krampfanfälle, Veitstanz, Zitterbewegungen, Langsamkeit der Bewegungen, Bewegungsunlust. b) Psychopathie: Reizbarkeit, übertriebenes Selbstgefühl, Lügenhaftigkeit. c) Jugendschwachsinn, schlechte Gewohnheiten (Nägelbeißen, Tändeln, kindisches Wesen). d) Nervöse: Reizbare, Depressive, Überempfindliche.	Namentlich bei den Ungelernten, Stellenlosen, Arbeitsunlustigen.	Eltern: Beobachtungen Hause, Erblichkeitsverh nisse, Mißbrauch von A hol und Nikotin, vor gegangene Infektionskrankheiten. Arbeitgeber: Arbeitswi keit, Berücksichtigung seitiger Begabung.

lichen Berufseignung während der Schule.

Prophylaktische Maßnahmen		Jugendamt	Berufsberatungsamt bzw. Arbeitsvermittlung
der Schule	des Schularztes		
nerkungen zu peisungen ndaufenthalt }	Untersuchung u. Zeugniserstellung für besondere Zuwendungen.	Zeugnisgenehmigung.	
weisung an Schul-zt.	Beobachtung und Unterweisung beim praktischen Unterricht, orthopädisches Turnen.		
unterricht, Freibe von Spielätzen, Einrichtung n Schulfamilienrten mit Unterricht Garten- u. Obstu, Kleintierzucht.	Kontrolle durch periodische Messungen.	Erfassung aller sportlichen Vereine, ärztliche Beaufsichtigung dieser Vereine.	
ige Überweisung r Nachkontrolle rch den Schularzt der Sprechstelle.	Bei Bestätigung des Verdachts Überweisung in die Lungenfürsorge. Bei * Ausschluß aus Schule und ungeeigneten Werkstätten.	Genehmigung v. Landaufenthalt, Bädern, Sanatorien.	Eventueller Berufswechsel, bei * Ausschluß aus bestimmten Berufen, z. B. Lebensmittelbranche.
tzeitige Überweing an Schularzt.	Häufige Nachkontrolle bei Notwendigkeit der Behandlung: Arztvermittlung.		Eventueller Berufswechsel in sitzende oder leichte Berufe.
ksichtigung beim terricht.	Überweisung an Spezialärzte, Nachkontrolle der Berufseignung.		Bei Lärmberufen Berufswechsel für Erkrankungen des inneren Ohres.
ksichtigung beim terricht.	Gläserkontrolle, Überweisung an Spezialarzt, Nachkontrolle der Berufseignung.		Eventuell Berufswechsel.
wachung des Verrs mit Kameraden, erücksichtigung der fahr psychischer steckung und ev. htzeitige Entferng aus der Schule, tserholung beim hularzt über bendere pädagogische aßnahmen.	Feststellung des Wesens der Krankheit. Überweisung an Hilfsschulen und Heilsanatorien.	Genehmigung von Überweisung in Heilsanatorien, Fürsorgeerziehung.	Berufswechsel, Überweisung an Lehrstellen mit besonders geeigneten Arbeitgebern: „Übergangsstellen". Prämiierung geeigneter Arbeitgeber.

www.ingramcontent.com/pod-product-compliance
Lightning Source LLC
LaVergne TN
LVHW081342011026
849161LV00013BB/2984